Lih⁵.
116.

# RÉPONSE

## AUX ARTICLES SUR LES RETRAITES DES GÉNÉRAUX JOURDAN ET MOREAU,

### En l'an IV (1796),

INSÉRÉS DANS LES SUPPLÉMENTS DU CONSTITUTIONNEL DES 14 ET 21 FÉVRIER 1841,

### Signés VIENNET, Académicien;

Par Le Baron MOSSEL,

Maréchal-de-Camp d'artillerie en retraite.

---

M. Viennet, avec tout son esprit, vient de décider, par un narré de la retraite du général Jourdan et de celle du général Moreau, que, s'il y a un Xénophon nouveau, c'est le général Jourdan à qui la postérité rendra cette justice, et non le général Moreau, qui n'a fait que nombre de fautes dans sa retraite; qui n'a pas su détruire l'armée autrichienne, quoique la bataille de Biberac lui fasse un peu d'honneur, et cela malgré toutes ses indécisions.

Nous respectons infiniment le général Jourdan et rendons justice à ses talents militaires; mais nous répondrons à ce que dit M. Viennet en citant des faits, sans inculper en rien M. le général Jourdan, qui n'a aucun tort à nos yeux.

Si M. Viennet voulait chercher des torts au général Moreau, ce n'est pas à sa retraite qu'il devait s'en prendre.

Après de longues années, et lorsque tous les mouvements, positions et opérations ont été connus et commentés, M. Viennet vient raconter, je ne sais à quelle occasion, ce qu'a fait le général Jourdan, et ce qu'aurait dû faire le général Moreau. Notez bien qu'il parle après coup, et qu'il doit savoir qu'en pareil cas, chacun peut juger ce qu'il a fait et ce qu'il aurait pu faire de mieux, parce qu'alors il est instruit des circonstances qu'il ignorait auparavant, et de tout ce qui se passait au loin.

M. Viennet dit : « L'armée de Sambre-et-Meuse avait
» déjà repassé la Lahn; l'espace de 80 lieues la séparait
» de Moreau, qui toujours dupe de ses illusions, sem-
» blait douter des victoires de l'archiduc ; il perdit dix-
» huit jours entre l'Iser et le Lech, malgré l'avis de ses
» lieutenants. »

Ceci n'est pas exact, parce qu'il y avait chez ses lieutenants diverses opinions. Il y en avait un que je citerai, parce qu'il tenait plus fortement à son avis que les autres; il voulait se placer à cheval sur le Danube, dans une position choisie, et là agir d'un côté ou d'un autre, ou attendre les événements : c'était le lieutenant-général Beaupuy.

D'autres voulaient qu'on se portât en Franconie; d'autres, qu'on marchât directement sur Strasbourg; un autre qu'on allât sur Ulm, et de là directement, par Stuttgard, sur Durlach.

Sur toutes ces opinions, il était difficile de décider, attendu l'ignorance où l'on était des événements ; aucune d'elles ne prévalut, parce qu'on apprit trop tard la retraite du général Jourdan, et que cette retraite se faisait trop vite.

Quoi qu'en dise M. Viennet, même appuyé de l'opinion du prince Charles, si l'armée s'était portée en Franconie, elle aurait rencontré les corps de Neuendorff et de Petrasch, forts de 20,000 hommes; le général Latour l'aurait suivie avec 40,000, en rappelant les détachements de sa gauche; le prince Charles, averti promptement, serait arrivé avec ses 17,000 hommes, ce qui aurait fait un total d'environ 80,000 hommes, sans compter les coureurs que le prince avait détachés, tels que le colonel Merfeld avec dix à douze escadrons.

Notre armée, d'après M. Viennet, était de 49,000 hommes. Ainsi entourés de tous côtés et encore harcelés des paysans armés de la Franconie, quelle figure aurions-nous pu faire dans une pareille position, sans communication et sans espoir de remplacer nos munitions. L'armée de Sambre-et-Meuse, qui était déjà peut-être à Dusseldorf, n'aurait pu servir à rien du tout; au contraire, toutes les troupes à sa poursuite auraient pu revenir, pour peu que nous eussions tardés à arriver sur le Rhin.

Il fut mis en avant, quelques jours après, une considération majeure, qui l'emporta sur toutes les opinions, et la voici : Après tout ce que nous savions de positif sur l'armée de Sambre-et-Meuse, les bruits sinistres qu'on faisait courir, et notre ignorance à ce sujet, il était essentiel de ne pas compromettre la seule armée en bon état qui fût sur toute la longueur du Rhin, si elle eût été battue, ce qui pouvait se présumer, puisqu'il y aurait eu deux Autrichiens contre un Français, et tout le pays révolté contre nous. Avant que nous fussions rentrés en France il ne serait plus resté peut-être qu'un noyau d'armée désorganisé ; que ce serait ouvrir la France aux ennemis ; que ce serait tenter un coup de hardiesse dangereux pour la patrie et inutile au salut de l'armée, tandis qu'elle pouvait rentrer en France en toute sûreté. Et voilà pourquoi la route suivie fut préférée, sans tenir compte du bruit qui courait que le général Jourdan avait repris l'offensive à Bamberg. Jugez si le général Moreau *a perdu son temps contre l'avis de ses lieutenants, et s'il était dupe de ses illusions.*

Le général Moreau a certainement bien conduit son armée : il a gagné 80 ou 90 batailles ou combats dans cette campagne ; il a fait éprouver des pertes considérables aux ennemis, et forcé les Bavarois et les Wurtembergeois à faire la paix.

Mais M. Viennet voudrait encore mieux, maintenant qu'il donne son conseil après coup, et fait, de son cabinet, une destruction totale de l'armée du général Latour, sans même laisser sauver un petit tambour.

Voici les faits :

Le 5 fructidor an 4, le corps du général Bernadotte, détaché à la doite de l'armée de Sambre-et-Meuse, fut battu à Treining, par une grande masse de troupes.

Dans la nuit du 6 au 7, le général Jourdan, plus tard maréchal de France, se mit en retraite.

A cette époque, l'armée autrichienne était placée comme il suit, devant le général Moreau, qui avait appris, vers le 3 ou le 4 fructidor, que 10 bataillons et 2 régiments de cavalerie étaient partis pour aller sur l'armée de Sambre-et-Meuse :

Le général en chef Latour avec 17 bataillons et 25

escadrons à Friedberg; le général Mercantin à sa droite avec 10 bataillons et 20 escadrons; le corps de Condé à gauche, à Lardsberg, avec 10 bataillons et 20 escadrons; les généraux Frœlich, Saint-Julien et Wolf, vers Wangen, avec 11 bataillons et 6 escadrons; 3 bataillons à Ingolstadt, 500 chevaux à droite pour entretenir la communication avec l'archiduc : telle était, du 6 au 7 fructidor, la position des Autrichiens sur la rive droite du Danube, derrière le Lech.

Le général Moreau se porta le 5 sur le Lech; le 6 il fit reconnaitre les gués, le 7 il en força le passage et gagna *la bataille de Friedberg*, continua de se porter en avant sur le chemin de Ratisbonne, tandis que *le général Jourdan commençait sa retraite le même jour*. L'armée du Rhin continua sa marche avec quelques petits succès, car l'ennemi se retirait devant nous après très-peu de résistance. Nous arrivâmes le 12 ou le 13 en avant de Neustadt, non loin de Ratisbonne : là on apprit par des paysans que l'armée de Sambre-et-Meuse avait été battue.

Aussitôt le général Moreau se retira sur Geisenfeld. Le lendemain il partit pour venir, par précaution, faire couper le pont d'Ingolstadt, laissant le bois qui précède Geinsenfeld gardé par un petit corps aux ordres du colonel Gazan, aujourd'hui lieutenant-général et pair de France, qui fit une résistance assez longue pour donner aux troupes le temps de revenir et de prendre leur rang de bataille.

Le général Latour, qui attaquait, venait de recevoir par Ratisbonne, le corps du général Neuendorff, fort de 12 bataillons et 30 escadrons, tirés de devant l'armée du général Jourdan, ce qui faisait l'équivalent de ce qui avait été détaché précédemment de l'armée du général

Latour pour se porter sur le général Bernadotte. Nous étions alors au 15 fructidor, déjà Jourdan était débarrassé de ce corps d'armée, et nous ne savions qu'il avait été battu que depuis deux ou trois jours.

Le général Latour engagea la bataille avec acharnement; mais il fut battu et obligé de se retirer. Le général Moreau avait expédié un officier (le chef d'escadron Doumerc, aujourd'hui lieutenant-général et vivant à Paris) pour que Saint-Cyr vînt sur le flanc gauche; mais dans un pays si coupé, cet officier se perdit et arriva trop tard; le vent, qui était en direction opposée, empêcha aussi le général Saint-Cyr d'entendre le canon : s'il avait pu arriver, la défaite des Autrichiens aurait été complète.

Ce n'est que par les prisonniers que nous sûmes la présence et le retour des troupes venant de l'autre armée par Ratisbonne; ces prisonniers nous apprirent peu de chose sur les désastres de l'armée de Sambre-et-Meuse.

Le général Moreau continua sa retraite sur Neubourg. Là il fit passer le Danube au général Desaix, pour tâcher de menacer les derrières du prince Charles et nuire à ses convois sur la route de Nuremberg; mais de nouveaux renseignements, et entre autres ceux reçus d'un lieutenant-colonel prussien, qui donna tous les détails de ce qui s'était passé, nous apprirent que le général Jourdan devait être bien au-delà de Mayence, et que notre marche ne pouvait lui être utile.

Pendant ce temps, le général Neuendorf avait aussi passé le Danube pour suivre le général Desaix. Les généraux Mercantin et Deway, et une partie du corps de Condé vinrent attaquer Neubourg, dans l'espoir de s'emparer du pont; mais les généraux Delmas et Oudinot les battirent.

Ils furent aussi battus à Maimbourg, et on avait journellement des affaires insignifiantes; mais si on voulait attaquer une de ces divisions qui cherchaient à nous dépasser, elle cédait le terrain. Ainsi, quoi qu'en dise M. Viennet, il était impossible de détruire un de ces corps. (Voir la lettre du général Reynier, du 2 vendémiaire an 5; *Collection des journaux des défenseurs de la patrie*, page 1089.)

Le général Neuendorff attaqua le général Montrichard, parce que celui-ci n'avait que 4 bataillons et quelques chevaux; mais dès qu'il vit les premières troupes du général Desaix arrivant sur Ulm, il se retira en observation sur le Mikelsberg, d'où il envoya quelques boulets et obus dans la ville, qui mirent le feu à plusieurs maisons.

L'arrière-garde, aux ordres de Decaen, séjourna à Ulm, et le général Neuendorff partit pour aller vers Rothweil se réunir au général Petrasch, et nous barrer la vallée de la Kinzig, où nous ne voulions pas passer; mais nos reconnaissances rencontrèrent les siennes, et lui prirent 140 cuirassiers montés, à Rothweil même.

Examinons maintenant où en était l'armée de Sambre-et-Meuse, et on verra, par son éloignement, que Moreau ne pouvait rien faire en sa faveur.

Le général Jourdan écrivait au Directoire, le 7 fructidor :

« Je me suis retiré jusqu'à Sulzbach.
» Cette nuit je me retire sur Walden.
» Demain sur Greiffenberg.
» Ensuite sur Forcheim. »

Le dernier paragraphe dit : « J'espère que le général Moreau profitera de cette circonstance, et que ses

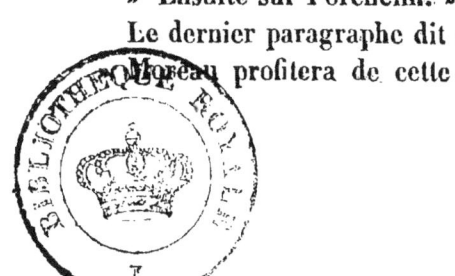

» succès rappelleront sur le Danube les forces qui se
» sont portées sur moi. » ( Page 937 de l'ouvrage déjà cité.)

Dans une nouvelle lettre, datée de Schweinfurth, le 14 fructidor, le général dit : « J'ai fait le 7 ma retraite
» en deux colonnes, pour aller sur Velden et Vilseck.
» Le 10 l'armée avait sa droite à Forcheim, et sa
» gauche à Ebermanstadt.
» Le 11 je fis un mouvement à droite.
» Le 12 à Bamberg.
» Le 13 l'armée, par une marche forcée, est arrivée
» partie ici et partie à Laurigen, après avoir forcé le
» passage d'Ettman. J'ai la facilité de me retirer sur
» la haute Lahn par Fuld, parce que je n'ai plus de
» défilés aussi horribles que ceux que je viens de traver-
» ser. Je pense que les succès du général Moreau rapel-
» leront le prince Charles sur le Danube, et je tâcherai
» d'en profiter. » (*Idem*, page 737.)

On doit voir que depuis le 7 jusqu'au 14, le général Jourdan se retirait et faisait de grandes marches.

Le général Moreau, au contraire, avança jusqu'au 14. Ainsi, les deux armées se trouvaient à 18 jours de marche l'une de l'autre, parce que, le 7, il y avait déjà 4 jours de distance entre elles; il n'y avait pas 48 heures que le général Moreau était instruit que le corps de droite, commandé par le général Bernadotte, avait éprouvé une défaite totale, et il ne présumait pas que cette défaite avait eu une si grande influence sur le corps d'armée.

Une troisième lettre au directoire, en date du 18 fructidor an 4, du quartier général de Hamelburg, dit :

« Je résolus d'attaquer l'ennemi le 17, pour cher-

» cher à délivrer la garnison de Wursbourg, et le
» forcer à repasser le Mein. Il avait une cavalerie nom-
» breuse qui menaçait d'envelopper ma gauche; je crus
» devoir courir le hasard d'une charge : quelques corps
» ennemis furent culbutés, mais de nouvelles troupes
» s'étant avancées, notre cavalerie se retira. Le général
» Bonneau et moi nous l'avons ralliée. Il nous a été
» impossible de tenter une seconde charge, j'ai été obligé
» de me retirer. » (*Idem*, page 139.)

On voit bien que le général Jourdan faisait une retraite pénible, précipitée, et qu'il n'a *qu'une seule fois* forcé l'ennemi à lui ouvrir son passage. Il ignorait que les troupes de l'armée du général Latour fussent revenues sur Moreau, et tout cela est assez naturel, surtout dans sa position. Il avait dans son armée, on peut le dire avec justice, l'élite de nos généraux, et cependant il est à croire que les soldats de cette armée étaient démoralisés, comme on peut le présumer d'après la lettre du 18 et les bruits populaires qui couraient.

Le prince Charles, d'après ces événements, envoya des détachements partout; et si M. Viennet compare son général à Xénophon, pour avoir forcé *une fois* l'ennemi à vider son passage, le général Shers peut aussi réclamer, car il a été obligé de percer deux ou trois fois l'ennemi pour arriver à Kehl. Xénophon ramena son armée entière dans sa patrie en bon ordre, après avoir traversé un long pays, battu les ennemis qui lui barraient le chemin, surmonté des dangers, des difficultés et des obstacles de toutes sortes. En conscience, je n'aurais jamais cru que qui que ce soit au monde, quelque esprit original qu'il eût, pût établir un parallèle entre ces deux armées.

Le général Moreau a marché, pour ainsi dire, par étapes, partant de jour et s'arrêtant de jour, ce que les militaires regardent comme un grand avantage. Il tenait écartés les flanqueurs et les coureurs sur nos derrières, ce qui rassurait beaucoup l'armée, car tout le monde n'a pas un esprit fort, et quand on est entouré d'ennemis, sans nouvelles de son pays, les bruits sinistres qu'on fait courir et qui, grossissent chaque jour produisent sur le moral un effet que ceux seuls qui se sont trouvés dans ces circonstances peuvent juger. Enfin le général Moreau avait aussi l'attention de ramener les malades et les blessés qui pouvaient supporter la voiture; il faisait marcher avec sûreté les équipages de l'armée, les parcs et les convois de prisonniers; car nous en avions beaucoup après l'affaire de Biberac. D'après cela, quel avantage aurait eu l'armée d'aller plus vite et de prendre le chemin de Kehl plutôt qu'un autre, chemin qui pouvait avoir son danger, tandis qu'on marchait en toute sûreté dans celui que nous avons pris, surtout après la bataille de Biberac, qui avait démoralisé le général Latour et son armée.

Dans cette bataille, M. Viennet reproche au général Moreau d'avoir laissé son aile droite à Ravensbourg; mais il ne dit rien du général Jourdan, qui a tenu le corps du général Bernadotte sur sa droite et loin de lui: on aurait certainement dû prévoir ce qui est arrivé. Ainsi, dans un cas presque semblable, il ne faut pas blâmer l'un et se taire sur l'autre, surtout lorsque le danger était pour l'armée du général Jourdan, et qu'il n'y en avait aucun pour le général Moreau, qui avait ses raisons, bien ou mal calculées pour agir ainsi.

L'empereur, à la bataille de la Moskowa, ne voulut

pas faire donner sa garde, malgré la demande de tous les maréchaux, ce qui aurait pourtant rendu la victoire beaucoup plus complète, et personne n'a pu expliquer pourquoi. Le général Moreau, en laissant le général Ferino à Ravensbourg, entre lui et le lac de Constance, avait sans doute pour motif d'assurer ses derrières et d'avoir, en cas de revers, une ressource sur laquelle il pût s'appuyer ; et peut-être encore parce que, connaissant les désastres de l'armée de Sambre-et-Meuse, il ne voulait pas laisser au corps autrichien qui était sur ses derrières, la facilité d'empêcher son armée de se rallier, ou de venir, pendant la bataille, attaquer son flanc droit. Nous devons dire aussi que le jour même de la bataille, le général Ferino eut un combat glorieux. Le général Moreau n'aurait pas même eu besoin du corps de Ferino pour compléter davantage la victoire de Biberac, si au lieu d'attaquer à midi, on eût seulement attaqué à 9 heures du matin : le corps de Desaix, qui, à l'entrée de la nuit, était sur Biberac, aurait arrêté tous les bagages et les fuyards de l'ennemi, s'il y avait eu deux heures de jour de plus.

Je dirai à M. Viennet que, quoique les généraux eussent décidé de livrer bataille à la première occasion, celle de Biberac est due au hasard et au mauvais calcul du général Latour.

Le corps de Desaix était placé à Buss, ayant le Fédersée à droite ; le général Saint-Cyr à Schousseuried, ayant le lac à gauche. A la première attaque que le général Latour fit, le 9 vendémiaire, sur le corps de Saint-Cyr, il vit que ce corps était isolé ; en conséquence, le lendemain, il dirigea toutes ses troupes en avant de Biberac, et ne laissa vis-à-vis du général Desaix que 4 escadrons de hussards bivaqués en avant de Stadion. Nos généraux, positivement informés de cette disposition, résolurent d'accepter ou de livrer la bataille. Il fut convenu que Desaix tournerait le lac et attaquerait les Autrichiens par leur flanc droit et par derrière. Le jour de la bataille, le général Moreau avait déjà commencé l'attaque avec le corps de Saint-Cyr et la réserve, avant l'arrivée du général Desaix, qui avait un grand tour à faire. Decaen attaqua en arrivant, et l'artillerie se plaça, non pas sur une hauteur, comme le dit M. Viennet, mais sur un terrain presque plat allant un peu en montant, et canonna des troupes par derrière, ce qui les fit jeter de côté; et comme c'est moi qui commandais l'artillerie du général Desaix (dont j'étais l'ami depuis longtemps), je puis en parler sciemment. J'abandonne le reste du détail, qui, tel que le raconte M. Viennet, est à peu près exact, et je dirai cependant qu'il eût été à désirer qu'une partie seulement du corps de Ferino se fût trouvée là; mais il est à présumer (et j'en suis convaincu pour mon compte) que si les reconnaissances ennemies avaient aperçu Férino, le général Latour n'aurait pas accepté la bataille, et nous aurions perdu cet avantage, parce que lorsque nous repassâmes le Lech, nous laissâmes les arrière-gardes de l'autre côté : le général Latour, croyant qu'on voulait l'attaquer, au lieu de nous suivre, se retira d'une marche, ce qui nous donna deux journées d'avance. (Voir, à l'appui de mon opinion, la lettre du général Reynier, du 2 vendémiaire, *page* 1094 de l'ouvrage déjà cité.)

M. Viennet prétend qu'il n'y avait que 4 bataillons et des paysans armés sur nos derrières; il ne compte pas quantité de cavalerie légère, qui était ce qui nous contrariait le plus, coupant et brûlant les ponts.

L'attaque sur le général Tharreau n'était pas de grande conséquence, puisque l'autre brigade du général de Laborde, le secourut, battit l'ennemi et lui prit un canon. Cela prouve qu'on avait eu raison d'observer les débouchés du Tyrol, et on doit trouver bien singulier que le général autrichien en Italie ait envoyé un détachement en Allemagne, quand il avait lui-même le plus grand besoin de renforts. Cependant le général Moreau avait prévu ce cas-là.

De Biberac, nous continuâmes notre retraite sur le val d'Enfer, qui était défendu par deux bataillons et quelque cavalerie, que le général Saint-Cyr fit attaquer, ainsi que Neustadt, pour nous ouvrir le chemin. Il prit un canon et fit des prisonniers.

Il paraît que M. Viennet n'a pas vu le val d'Enfer, dont il parle avec mépris, en dépit de l'opinion du maréchal de Villars, qui peut-être n'était pas accadémicien alors. Nous lui dirons qu'en très-peu d'endroits cette gorge a 10 toises de large : qu'on s'imagine un chemin bordé d'un ruisseau non encaissé, à peu près de même largeur que le chemin; le tout pouvant avoir 6 toises, quelquefois plus, quelquefois moins, parce qu'il n'y a pas uniformité, bordé sur les côtés, pendant plusieurs lieues, par des rochers à pic ayant plus de 100 à 150 pieds de hauteur, et l'on conclura que c'est certainement un bon poste à défendre.

Le corps de Desaix se rendant à Vilngen avant que le général Saint-Cyr attaquât Neustadt, trouva le général Merfeld qui nous barrait le passage. Le général Decaen l'attaqua, lui prit deux canons et 150 chevaux légers. Le surlendemain, nous passâmes le val d'Enfer, pour prendre position à Emmendingen.

M. Viennet finit ici notre retraite, mais il y eut encore cinq combats et une bataille. Sans entrer dans les détails, je dirai seulement qu'ils eurent lieu les 25, 26, 27 et 28 vendémiaire. Le général Beaupuy fut tué près d'Emwasser, le 28, et le général Wartensleben eut un bras emporté : il était général en chef de l'armée contre le général Jourdan. Le prince Charles avec les deux armées était à ces combats. Nous nous retirâmes le 29 derrière le pont de Nymbourg, pour couvrir les débouchés de Waldkirch; mais le prince attaquant toujours, le lendemain nous passâmes le Rhin à Brisach. Le centre et la droite de l'armée prirent position à Schliengen, la droite à Kander, et la gauche à Steinstadt, très-bonne position, que le général Moreau aurait voulu garder; mais, le 3 brumaire, l'archiduc fit attaquer avec toutes ses forces pour pouvoir entamer cette position, et il fut repoussé. Le général Moreau se sentant trop inférieur en nombre se retira le 4 sur Atlingen, et le 5 il passa le Rhin à Huningue fort tranquillement. Le général Desaix se porta sur Kehl, l'archiduc résolut d'en faire le siége, il y employa 55 bataillons et 46 escadrons; il n'en fut maître qu'après 52 jours de tranchée ouverte. On ne lui livra que le terrain avec toutes les défenses ruinées.

Puisqu'il avait été impossible de secourir le général Jourdan, l'essentiel était de faire ce qu'on a fait; ce qui a été exécuté avec poids et mesure, *dans la position et à l'époque où les événements ont eu lieu.*

Nous avons mis 68 jours pour arriver aux portes de Ratisbonne; nous en avons mis 56 pour notre retour, et nous sommes arrivés en aussi bon ordre qu'à notre départ, ayant dans notre retraite refoulé l'ennemi partout où il nous barrait le chemin, pris des drapeaux, 23 pièces de canon, 7 à 800 chevaux, et fait 8 à 9,000 prisonniers : je ne vois pas là, malgré tout l'esprit de M. Viennet, de quoi accuser le général qui a conduit ainsi son armée.

Dans tout écrit *après coup* on peut raisonner à son aise, citer les *on dit* des uns et des autres, voire même leurs mémoires sur la guerre, et leur conduite, sans tenir compte des rivalités qu'on voit exister parfois entre les généraux, qui, sans avoir l'air d'y toucher, cherche à faire tomber le blâme sur leurs rivaux.

M. Viennet dit que le général Moreau pouvait reprendre l'offensive en arrivant à Fribourg. En théorie c'est vrai, et rien de plus simple que de battre les corps détachés les uns après les autres; mais en pratique cela exige quantité de conditions dont aucune n'existait.

Le 24, notre armée acheva de passer le val d'Enfer; le 25, on se battit contre quelques bataillons qui étaient descendus des montagnes; le 26, toutes les montagnes étaient couvertes de troupes ennemies, savoir : celles des généraux Petrasch, Neuendorff, Merfeld, Frœlich, le corps de Condé, et quantité de paysans armés. Ces troupes pouvaient être l'équivalent de notre armée; il y avait en outre quelques troupes du prince Charles dans la plaine. Le mauvais temps, les chemins glissants, la terre molle, l'armée sans chaussure rendaient impossible l'attaque sur ces montagnes.

Le 27, les 17,000 hommes du prince Charles et 20 à 25,000 du général Latour occupaient la plaine, qui est très-coupée. Le 28, toute cette armée nous attaqua, et d'après les dispositions du prince Charles, nous avions le dos au Rhin. Nous avons toujours résisté avec succès, et le 25, nous leur avons fait assez de prisonniers; mais, aurions-nous pris tout ce qui était à portée de combattre, cela n'aurait pas pu nous mettre dans le cas de reprendre l'offensive.

M. Viennet, dans son humeur, attaque aussi l'archiduc. Il dit que ni ce prince ni Moreau ne sont les héros de cette retraite. Cependant le prince a fait faire la retraite à ses ennemis, en a délivré entièrement l'Allemagne, et a presque détruit une des deux armées : il était impossible de faire mieux. On voit par-là qu'il reproche à ce prince de n'avoir pas mis l'armée de Moreau en déroute. Il faut que M. Viennet soit bien difficile à contenter.

Comme en théorie tout est beau, cela me rappelle un général qui avait fait un traité sur l'attaque et la défense des places, Napoléon lui confia la défense d'une bonne et forte place, il la rendit en huit jours.

Du reste, M. Viennet a bien dit ce qu'il *aurait fallu* que fît le général Moreau pour avoir les plus grands succès possibles; son dire est juste et nous en convenons, mais c'est plus de *quarante ans après*, ce qui en ôte tout le mérite : c'est l'histoire des *après coup et de tous les conseils après coup*.

J'ai vu et je vois encore cette retraite comme je le dis; si je raisonne mal, je prie mes lecteurs de m'excuser, et de considérer que je ne suis point accadémicien.

Valence le 27 février 1841.

VALENCE, IMPRIMERIE D'A. BORLAND AÎNÉ. —1841.

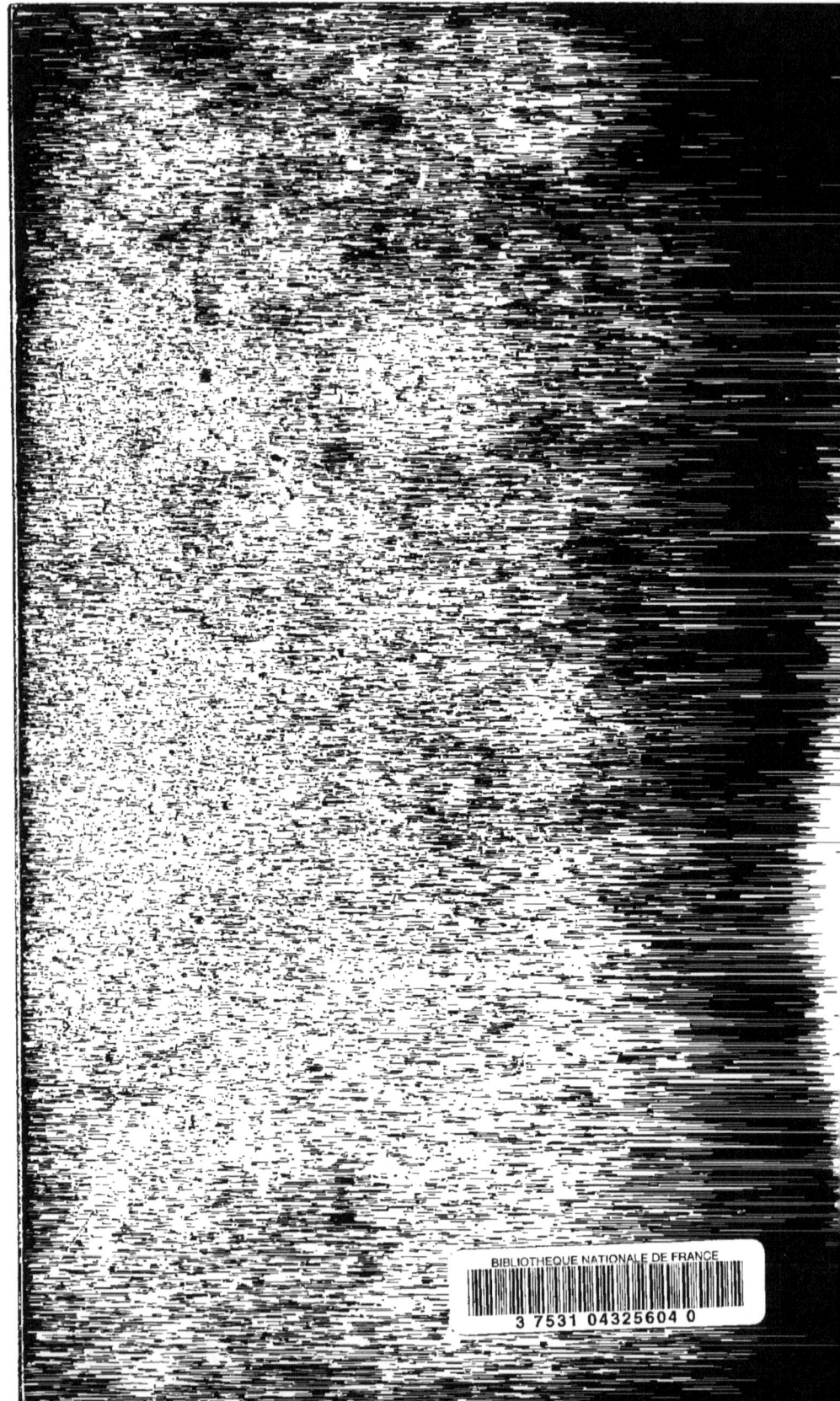